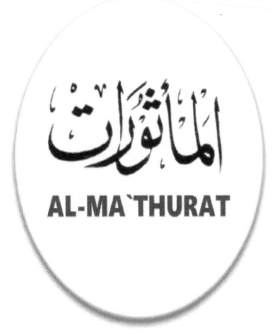

MW00948923

المأثورات

AL-MA`THURAT

بسم الله الرحمن الرحيم

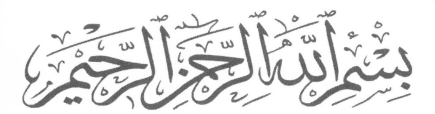

Suratul Fatiha; Quran 1v 1-5

اَعُوذُ بِاللَّهِ السَّمِيعُ العَلِيمُ مِنَ الشَّيْطَانِ الرَّجِيمِ

بِسْمِ اللَّهِ الرَّحْمٰنِ الرَّحِيمِ

الحَمْدُ لِلَّهِ رَبِّ العَالَمِينَ   الرَّحْمٰنِ الرَّحِيمِ   مَالِكِ يَوْمِ الدِّينِ   إِيَّاكَ
نَعْبُدُ وَإِيَّاكَ نَسْتَعِينُ   اهدِنَــا الصِّرَاطَ المُسْتَقِيمَ   صِرَاطَ الَّذِينَ
أنعَمتَ عَلَيهِمْ غَيرِ المَغضُوبِ عَلَيهِمْ وَلَا الضَّالِّينَ

Transliteration

- Bismillaahir Rahmaanir Raheem
- Alhamdu lillaahi Rabbil 'aalameen
- Ar-Rahmaanir-Raheem
- Maaliki Yawmid-Deen
- Iyyaaka na'budu wa lyyaaka nasta'een
- Ihdinas-Siraatal-Mustaqeem
- Siraatal-lazeena an'amta 'alaihim ghayril-maghdoobi 'alaihim wa lad-daaalleen

Translation

- In the name of Allah, Most Gracious, Most Merciful.
- Praise be to Allah, the Cherisher and Sustainer of the worlds;
- Most Gracious, Most Merciful
- Master of the Day of Judgment.
- Thee do we worship, and Thine aid we seek.
- Show us the straight way,
- The way of those on whom Thou hast bestowed Thy Grace, those whose (portion) is not wrath, and who go not astray

Quran 2v 1-5

بِسْمِ اللهِ الرَّحْمنِ الرَّحِيم

الم
ذَلِكَ الْكِتَابُ لاَ رَيْبَ فِيهِ هُدًى لِلْمُتَّقِينَ
الَّذِينَ يُؤْمِنُونَ بِالْغَيْبِ وَيُقِيمُونَ الصَّلاةَ وَمِمَّا رَزَقْنَاهُمْ يُنفِقُونَ
والَّذِينَ يُؤْمِنُونَ بِمَا أنزِلَ إِلَيْكَ وَمَا أنزِلَ مِن قَبْلِكَ وَبِالآخِرَةِ هُمْ يُوقِنُونَ أُوْلَـئِكَ عَلَى هُدًى مِّن رَّبِّهِمْ وَأُوْلَـئِكَ هُمُ الْمُفْلِحُونَ

Transliteration

- Bismillaahir Rahmaanir Raheem
- Alif-Laaam-Meeem
- Zaalikal Kitaabu laa raiba feeh; hudal lilmuttaqeen
- Allazeena yu'minoona bilghaibi wa yuqeemoonas salaata wa mimmaa razaqnaahum yunfiqoon
- Wallazeena yu'minoona bimaa unzila ilaika wa maaa unzila min qablika wa bil Aakhirati hum yooqinoon
- Ulaaa'ika 'alaa hudam mir rabbihim wa ulaaa'ika humul muflihoon

Translation

- In the name of Allah, Most Gracious, Most Merciful.
- Alif, Laam, Miim
- This is the Book; in it is guidance sure, without doubt, to those who fear Allah;
- Who believe in the Unseen, are steadfast in prayer, and spend out of what We have provided for them;
- And who believe in the Revelation sent to thee, and sent before thy time, and (in their hearts) have the assurance of the Hereafter.
- They are on (true) guidance, from their Lord, and it is these who will prosper.

Quran 2v 255-257

اللّهُ لاَ إِلَـهَ إِلاَّ هُوَ الْحَيُّ الْقَيُّومُ لاَ تَأْخُذُهُ سِنَةٌ وَلاَ نَوْمٌ لَّهُ مَا
فِي السَّمَاوَاتِ وَمَا فِي الأَرْضِ مَن ذَا الَّذِي يَشْفَعُ عِنْدَهُ إِلاَّ
بِإِذْنِهِ يَعْلَمُ مَا بَيْنَ أَيْدِيهِمْ وَمَا خَلْفَهُمْ وَلاَ يُحِيطُونَ بِشَيْءٍ مِّنْ
عِلْمِهِ إِلاَّ بِمَا شَاء وَسِعَ كُرْسِيُّهُ السَّمَاوَاتِ
وَالأَرْضَ وَلاَ يَؤُودُهُ حِفْظُهُمَا وَهُوَ الْعَلِيُّ الْعَظِيمُ
لاَ إِكْرَاهَ فِي الدِّينِ قَد تَّبَيَّنَ الرُّشْدُ مِنَ الْغَيِّ فَمَنْ يَكْفُرْ
بِالطَّاغُوتِ وَيُؤْمِن بِاللّهِ فَقَدِ اسْتَمْسَكَ بِالْعُرْوَةِ الْوُثْقَىَ لاَ
انفِصَامَ لَهَا وَاللّهُ سَمِيعٌ عَلِيمٌ
اللّهُ وَلِيُّ الَّذِينَ آمَنُواْ يُخْرِجُهُم مِّنَ الظُّلُمَاتِ إِلَى النُّوُرِ وَالَّذِينَ
كَفَرُواْ أَوْلِيَآؤُهُمُ الطَّاغُوتُ يُخْرِجُونَهُم مِّنَ النُّورِ إِلَى
الظُّلُمَاتِ أُوْلَـئِكَ أَصْحَابُ النَّارِ هُمْ فِيهَا خَالِدُونَ

Transliteration

- Allahu laaa ilaaha illaa Huwal Haiyul Qaiyoom; laa taakhuzuhoo sinatunw wa laa nawm; lahoo maa fissamaawaati wa maa fil ard; man zal lazee yashfa'u indahooo illaa bi-iznih; ya'lamu maa baina aydeehim wa maa khalfahum wa laa yuheetoona bishai'im min 'ilmihee illaa bimaa shaaa'; wasi'a Kursiyyuhus samaawaati wal arda wa laa Ya'ooduhoo hifzuhumaa; wa Huwal Aliyyul 'Azeem
- Laaa ikraaha fid deeni qat tabiyanar rushdu minal ghayy; famai yakfur bit Taaghooti wa yu'mim billaahi faqadis tamsaka bil'urwatil wusqaa lan fisaama lahaa; wallaahu Samee'un 'Aleem
- Allaahu waliyyul lazeena aamanoo yukhrijuhum minaz zulumaati ilan noori wallazeena kafarooo awliyaaa'uhumut Taaghootu yukhrijoonahum minan noori ilaz zulumaat; ulaaa'ika Ashaabun Naari hum feehaa khaalidoon

Translation

- Allah! There is no god but He,-the Living, the Self-subsisting, Eternal. No slumber can seize Him nor sleep. His are all things in the heavens and on earth. Who is there can intercede in His presence except as He permitteth? He knoweth what (appeareth to His creatures as) before or after or behind them. Nor shall they compass aught of His knowledge except as He willeth. His Throne doth extend over the heavens and the earth, and He feeleth no fatigue in guarding and preserving them for He is the Most High, the Supreme (in glory).

- Let there be no compulsion in religion: Truth stands out clear from Error: whoever rejects evil and believes in Allah hath grasped the most trustworthy hand-hold, that never breaks. And Allah heareth and knoweth all things.
- Allah is the Protector of those who have faith: from the depths of darkness He will lead them forth into light. Of those who reject faith the patrons are the evil ones: from light they will lead them forth into the depths of darkness. They will be companions of the fire, to dwell therein (For ever).

Quran 2v 284-286

لِلَّهِ ما فِي السَّمَاواتِ وَمَا فِي الأَرْضِ وَإِن تُبْدُواْ مَا فِي
أَنفُسِكُمْ أَوْ تُخْفُوهُ يُحَاسِبْكُم بِهِ اللّهُ فَيَغْفِرُ لِمَن يَشَاء وَيُعَذِّبُ
مَن يَشَاء وَاللّهُ عَلَى كُلِّ شَيْءٍ قَدِيرٌ
آمَنَ الرَّسُولُ بِمَا أُنزِلَ إِلَيْهِ مِن رَّبِّهِ وَالْمُؤْمِنُونَ كُلٌّ آمَنَ
بِاللّهِ وَمَلآئِكَتِهِ وَكُتُبِهِ وَرُسُلِهِ لاَ نُفَرِّقُ بَيْنَ أَحَدٍ مِّن رُّسُلِهِ
وَقَالُواْ سَمِعْنَا وَأَطَعْنَا غُفْرَانَكَ رَبَّنَا وَإِلَيْكَ الْمَصِيرُ
لاَ يُكَلِّفُ اللّهُ نَفْسًا إِلاَّ وُسْعَهَا لَهَا مَا كَسَبَتْ وَعَلَيْهَا مَا
اكْتَسَبَتْ رَبَّنَا لاَ تُؤَاخِذْنَا إِن نَّسِينَا أَوْ أَخْطَأْنَا رَبَّنَا وَلاَ تَحْمِلْ
عَلَيْنَا إِصْرًا كَمَا حَمَلْتَهُ عَلَى الَّذِينَ مِن قَبْلِنَا رَبَّنَا وَلاَ تُحَمِّلْنَا
مَا لاَ طَاقَةَ لَنَا بِهِ وَاعْفُ عَنَّا وَاغْفِرْ لَنَا وَارْحَمْنَا أَنتَ مَوْلاَنَا
فَانصُرْنَا عَلَى الْقَوْمِ الْكَافِرِينَ

Transliteration

- Lillaahi maa fissamaawaati wa maa fil ard; wa in tubdoo maa feee anfusikum aw tukhfoohu yuhaasibkum bihil laa; fayaghfiru li mai yashaaa'u wa yu'azzibu mai yashaaa u;wallaahu 'alaa kulli shai in qadeer
- Aamanar-Rasoolu bimaaa unzila ilaihi mir-Rabbihee walmu'minoon; kullun aamana billaahi wa Malaaa'ikathihee wa Kutubhihee wa Rusulihee laa nufarriqu baina ahadim-mir-Rusulih

wa qaaloo sami'naa wa ata'naa ghufraanaka Rabbanaa wa ilaikal-maseer

- Laa yukalliful-laahu nafsan illaa wus'ahaa; lahaa maa kasabat wa 'alaihaa maktasabat; Rabbanaa laa tu'aakhiznaaa in naseenaaa aw akhtaanaa; Rabbanaa wa laa tahmil-'alainaaa isran kamaa hamaltahoo 'alal-lazeena min qablinaa; Rabbanaa wa laa tuhammilnaa maa laa taaqata lanaa bih; wa'fu 'annaa waghfir lanaa warhamnaa; Anta mawlaanaa fansurnaa 'alal qawmil kaafireen

Translation

- To Allah belongeth all that is in the heavens and on earth. Whether ye show what is in your minds or conceal it, Allah Calleth you to account for it. He forgiveth whom He pleaseth, and punisheth whom He pleaseth, for Allah hath power over all things.
- The Messenger believeth in what hath been revealed to him from his Lord, as do the men of faith. Each one (of them) believeth in Allah, His angels, His books, and His messengers. "We make no distinction (they say) between one and another of His messengers." And they say: "We hear, and we obey: (We seek) Thy forgiveness, our Lord, and to Thee is the end of all journeys."
- On no soul doth Allah Place a burden greater than it can bear. It gets every good that it earns, and it suffers every ill that it earns. (Pray:) "Our Lord! Condemn us not if we forget or fall into error; our Lord! Lay not on us a burden Like that which Thou didst lay on those before us; Our Lord! Lay not on us a burden greater than we have strength to bear. Blot out our sins, and grant us forgiveness. Have mercy on us. Thou art our Protector; Help us against those who stand against faith."

Quran 2v 1-2

بِسْمِ اللهِ الرّحْمنِ الرّحِيمِ

الم

اللّهُ لا إِلـهَ إِلاَّ هُوَ الْحَيُّ الْقَيُّومُ

Transliteration

Bismillaahir Rahmaanir Raheem ☐

- Alif-Laam-Meeem
- Allaahu laaa ilaaha illaa Huwal Haiyul Qaiyoom

6

Translation
In the name of Allah, Most Gracious, Most Merciful.

- Alif Lam Mim
- Allah! There is no god but He,-the Living, the Self-Subsisting, Eternal.

Quran 20v 111-112

وَعَنَتِ الْوُجُوهُ لِلْحَيِّ الْقَيُّومِ وَقَدْ خَابَ مَنْ حَمَلَ ظُلْمًا
وَمَنْ يَعْمَلْ مِنَ الصَّالِحَاتِ وَهُوَ مُؤْمِنٌ فَلَا يَخَافُ ظُلْمًا وَلَا
هَضْمًا

Transliteration
- Wa 'anatil wujoohu lil Haiiyil Qaiyoomi wa qad khaaba man hamala zulmaa
- Wa man ya'mal minas saalihaati wa huwa mu'minun falaa yakhaafu zulmanw wa laa hadmaa

Translation
- (All) faces shall be humbled before (Him) - the Living, the Self-Subsisting, Eternal: hopeless indeed will be the man that carries iniquity (on his back).
- But he who works deeds of righteousness, and has faith, will have no fear of harm nor of any curtailment (of what is his due).

حَسبِيَ اللّهُ لاَ اِلَهَ اِلاَّ هُوَ عَلَيهِ تَوَكَّلتُ وَ هُوَ رَبُّ العَرش
العَظِيمِ

(سَبعا)

Transliteration
Hasbiyallahu la ilaha illahuwa a'layhi tawakkalitu wa huwa rabbu-l-a'rshi li- a'zeem (7 times)
Translation
God is all sufficient for me . There is no god but him, i him I have put my trust, He is the Lord of the glorious throne

Abu Dardaa reported the prophet saying: " Whoever recites "Hasbiyallahu la ilaha illahuwa a'layhi tawakkalitu"........' seven times everyday in the morning and in the evening Allah will be sufficient for him in all distress of this world and the hereafter (Ibn Sunni)

Quran 17v 110-111

قُلِ ادْعُوا اللَّهَ أَوِ ادْعُوا الرَّحْمَنَ أَيًّا مَا تَدْعُوا فَلَهُ الأَسْمَاءُ
الْحُسْنَى وَلاَ تَجْهَرْ بِصَلاَتِكَ وَلاَ تُخَافِتْ بِهَا وَابْتَغِ بَيْنَ ذَ
وَقُلِ الْحَمْدُ لِلَّهِ الَّذِي لَمْ يَتَّخِذْ وَلَدًا وَلَمْ يَكُنْ لَهُ . لِكَ سَبِيلاً
شَرِيكٌ فِي الْمُلْكِ وَلَمْ يَكُنْ لَهُ وَلِيٌّ مِنَ الذُّلِّ وَكَبِّرْهُ تَكْبِيرًا

Transliteration

- Qulid'ul laaha awid'ur Rahmaana ayyam maa tad'oo falahul asmaaa'ul Husnaa; wa laa tajhar bi Salaatika wa laa tukhaafit bihaa wabtaghi baina zaalika sabeela
- Wa qulil hamdu lillaahil lazee lam yattakhiz waladanw wa lam yakul lahoo shareekun fil mulki wa lam yakul lahoo waliyyum minaz zulli wa kabbirhu takbeeraa

Translation

- Say: "Call upon Allah, or call upon Rahman: by whatever name ye call upon Him, (it is well): for to Him belong the Most Beautiful Names. Neither speak thy Prayer aloud, nor speak it in a low tone, but seek a middle course between."
- Say: "Praise be to Allah, who begets no son, and has no partner in (His) dominion: Nor (needs) He any to protect Him from humiliation: yea, magnify Him for His greatness and glory!

Quran 23v 115-118

أَفَحَسِبْتُمْ أَنَّمَا خَلَقْنَاكُمْ عَبَثًا وَأَنَّكُمْ إِلَيْنَا لاَ تُرْجَعُونَ
فَتَعَالَى اللَّهُ الْمَلِكُ الْحَقُّ لاَ إِلَهَ إِلاَّ هُوَ رَبُّ الْعَرْشِ الْكَرِيمِ
وَمَنْ يَدْعُ مَعَ اللَّهِ إِلَهًا آخَرَ لاَ بُرْهَانَ لَهُ بِهِ فَإِنَّمَا حِسَابُهُ

عِنْدَ رَبِّهِ إِنَّهُ لاَ يُفْلِحُ الْكَافِرُونَ
وَقُلْ رَبِّ اغْفِرْ وَارْحَمْ وَأَنْتَ خَيْرُ الرَّاحِمِينَ

Transliteration

- Afahsibtum annamaa khalaqnaakum 'abasanw wa annakum ilainaa laa turja'oon
- Fata'aalal laahul Malikul Haqq; laaa ilaaha illaa Huwa Rabbul 'Arshil Kareem
- Wa mai yad'u ma'allaahi ilaahan aakhara laa burhaana lahoo bihee fa inna maa hisaabuhoo 'inda Rabbih; innahoo laa yuflihul kaafiroon
- Wa qul Rabbigh fir warham wa Anta khairur raahimeen

Translation

- "Did ye then think that We had created you in jest, and that ye would not be brought back to Us (for account)?"
- Therefore exalted be Allah, the King, the Reality: there is no god but He, the Lord of the Throne of Honour!
- If anyone invokes, besides Allah, Any other god, he has no authority therefor; and his reckoning will be only with his Lord! and verily the Unbelievers will fail to win through!
- So say: "O my Lord! grant Thou forgiveness and mercy for Thou art the Best of those who show mercy!"

Quran 30 v 17-26

فَسُبْحَانَ اللَّهِ حِينَ تُمْسُونَ وَحِينَ تُصْبِحُونَ
وَلَهُ الْحَمْدُ فِي السَّمَاوَاتِ وَالأَرْضِ وَعَشِيًّا وَحِينَ
تُظْهِرُونَ
يُخْرِجُ الْحَيَّ مِنَ الْمَيِّتِ وَيُخْرِجُ الْمَيِّتَ مِنَ الْحَيِّ وَيُحْيِي
بَعْدَ مَوْتِهَا وَكَذَلِكَ تُخْرَجُونَ الأَرْضَ
وَمِنْ آيَاتِهِ أَنْ خَلَقَكُمْ مِنْ تُرَابٍ ثُمَّ إِذَا أَنْتُمْ بَشَرٌ تَنْتَشِرُونَ
وَمِنْ آيَاتِهِ أَنْ خَلَقَ لَكُمْ مِنْ أَنْفُسِكُمْ أَزْوَاجًا لِتَسْكُنُوا إِلَيْهَا
وَجَعَلَ بَيْنَكُمْ مَوَدَّةً وَرَحْمَةً إِنَّ فِي ذَلِكَ لَآيَاتٍ لِقَوْمٍ
يَتَفَكَّرُونَ
وَمِنْ آيَاتِهِ خَلْقُ السَّمَاوَاتِ وَالأَرْضِ وَاخْتِلاَفُ أَلْسِنَتِكُمْ
وَأَلْوَانِكُمْ إِنَّ فِي ذَلِكَ لَآيَاتٍ لِلْعَالِمِينَ

وَمِنْ آيَاتِهِ مَنَامُكُمْ بِاللَّيْلِ وَالنَّهَارِ وَابْتِغَاؤُكُمْ مِنْ فَضْلِهِ
إِنَّ فِي ذَٰلِكَ لَآيَاتٍ لِقَوْمٍ يَسْمَعُونَ
وَمِنْ آيَاتِهِ يُرِيكُمُ الْبَرْقَ خَوْفًا وَطَمَعًا وَيُنَزِّلُ مِنَ السَّمَاءِ
مَاءً فَيُحْيِي بِهِ الْأَرْضَ بَعْدَ مَوْتِهَا إِنَّ فِي ذَٰلِكَ لَآيَاتٍ لِقَوْمٍ
يَعْقِلُونَ
وَمِنْ آيَاتِهِ أَنْ تَقُومَ السَّمَاءُ وَالْأَرْضُ بِأَمْرِهِ ثُمَّ إِذَا دَعَاكُمْ
دَعْوَةً مِنَ الْأَرْضِ إِذَا أَنْتُمْ تَخْرُجُونَ
وَلَهُ مَنْ فِي السَّمَاوَاتِ وَالْأَرْضِ كُلٌّ لَهُ قَانِتُونَ

Transliteration

- Fa Subhaanal laahi heena tumsoona wa heena tusbihoon
- Wa lahul hamdu fis samaawaati wal ardi wa 'ashiyyanw wa heena tuzhiroon
- Yukhrijul haiya minal maiyiti wa yukhrijul maiyita minal haiyi wa yuhyil arda ba'da mawtihaa; wa kazaalika tukhrajoon
- Wa min Aayaatiheee an khalaqakum min turaabin summa izaaa antum basharun tantashiroon
- Wa min Aayaatiheee an khalaqa lakum min anfusikum azwaajal litaskunooo ilaihaa wa ja'ala bainakum mawad datanw wa rahmah; inna fee zaalika la Aayaatil liqawminy yatafakkaroon
- Wa min Aayaatihee khalqus samaawaati wal aardi wakhtilaafu alsinatikum wa alwaanikum; inna fee zaalika la Aayaatil lil'aalimeen
- Wa min Aayaatihee manaamukum bil laili wannahaari wabtighaaa'ukum min fadlih; inna fee zaalika la Aayaatil liqawminy yasma'oon
- Wa min Aayaatihee yureekumul barqa khawfanw wa tama'anw wa yunazzilu minas samaaa'i maaa'an fa yuhyee bihil arda ba'da mawtihaaa inna fee zaalika la Aayaatil liqawminy ya'qiloon
- Wa min Aayaatihee an taqoomas samaaa'u wal ardu bi-amrih; summa izaa da'aakum da'watam minal ardi izaaa antum takhrujoon
- Wa lahoo man fissamaawaati wal ardi kullul lahoo qaanitoon

Translation

- So (give) glory to Allah, when ye reach eventide and when ye rise in the morning;
- Yea, to Him be praise, in the heavens and on earth; and in the late afternoon and when the day begins to decline.

- It is He Who brings out the living from the dead, and brings out the dead from the living, and Who gives life to the earth after it is dead: and thus shall ye be brought out (from the dead).
- Among His Signs in this, that He created you from dust; and then,- behold, ye are men scattered (far and wide)!
- And among His Signs is this, that He created for you mates from among yourselves, that ye may dwell in tranquility with them, and He has put love and mercy between your (hearts): verily in that are Signs for those who reflect.
- And among His Signs is the creation of the heavens and the earth, and the variations in your languages and your colors: verily in that are Signs for those who know.
- And among His Signs is the sleep that ye take by night and by day, and the quest that ye (make for livelihood) out of His Bounty: verily in that are signs for those who hearken.
- And among His Signs, He shows you the lightning, by way both of fear and of hope, and He sends down rain from the sky and with it gives life to the earth after it is dead: verily in that are Signs for those who are wise.
- And among His Signs is this, that heaven and earth stand by His Command: then when He calls you, by a single call, from the earth, behold, ye (straightway) come forth.
- To Him belongs every being that is in the heavens and on earth: all are devoutly obedient to Him

Ibn Abbas reported the prophet to have said " Whoever recites these verses (30:17-26)will be capable of restoring what he has missed during the day and whoever recites them in the evening, he will be capable of restoring what he has missed during the night" (Abu Dawud)

بِسْمِ اللَّهِ الرَّحْمَٰنِ الرَّحِيمِ

حم

تَنْزِيلُ الْكِتَابِ مِنَ اللَّهِ الْعَزِيزِ الْعَلِيمِ

غَافِرِ الذَّنْبِ وَقَابِلِ التَّوْبِ شَدِيدِ الْعِقَابِ ذِي الطَّوْلِ لَا إِلَٰهَ إِلَّا هُوَ إِلَيْهِ الْمَصِيرُ

Transliteration

Bismillaahir Rahmaanir Raheem

- Haa-Meeem
- Tanzeelul Kitaabi minal laahil Azeezil 'Aleem
- Ghaafiriz zambi wa qaabilit tawbi shadeedil 'iqaabi zit tawli laaa ilaaha illaa Huwa ilaihil maseer

Translation
Bisimillahi Rahmaanir Raheem

- Ha Mim
- The revelation of this Book is from Allah, Exalted in Power, Full of Knowledge,-
- Who forgiveth sin, accepteth repentance, is strict in punishment, and hath a long reach (in all things). there is no god but He: to Him is the final goal

> *Abu Huraira reported the prophet to have said "Whoever recites these verses (40:1-3) and the verses of the throne(2:255) when he gets up in the morning, he will be protected until evening and whoever recites them in the evening will be protected by them untli morning (Tirmidhi)*

Quran 59v 22–24

هُوَ اللّهُ الّذِي لاَ إِلَهَ إِلاّ هُوَ عَالِمُ الْغَيْبِ وَالشّهَادَةِ هُوَ
الرّحْمَ نُ الرّحِيمُ
هُوَ اللّهُ الّذِي لاَ إِلَ هَ إِلاّ هُوَ الْمَلِكُ الْقُدّوسُ السّلاَمُ الْمُؤْمِنُ
الْمُهَيْمِنُ الْعَزِيزُ الْجَبّارُ الْمُتَكَبّرُ سُبْحَانَ اللّهِ عَمّا يُشْرِكُونَ
هُوَ اللّهُ الْخَالِقُ الْبَارِىءُ الْمُصَوّرُ لَهُ الأسْمَاءُ الْحُسْنَى
يُسَبّحُ لَهُ مَا فِي السّمَاوَاتِ وَالأرْضِ
وَهُوَ الْعَزِيزُ الْحَكِيمُ

Transliteration

- Huwal-laahul-lazee laaa Ilaaha illaa Huwa 'Aalimul Ghaibi wash-shahaada; Huwar Rahmaanur-Raheem
- Huwal-laahul-lazee laaa Ilaaha illaa Huwal-Malikul Quddoosus-Salaamul Muminul Muhaiminul-'aAzeezul Jabbaarul-Mutakabbir; Subhaanal laahi 'Ammaa yushrikoon
- Huwal Laahul Khaaliqul Baari 'ul Musawwir; lahul Asmaaa'ul Husnaa; yusabbihu lahoo maa fis samaawaati wal ardi wa Huwal 'Azeezul Hakeem
-

Translation

- Allah is He, than Whom there is no other god;- Who knows (all things) both secret and open; He, Most Gracious, Most Merciful.
- Allah is He, than Whom there is no other god;- the Sovereign, the Holy One, the Source of Peace (and Perfection), the Guardian of

Faith, the Preserver of Safety, the Exalted in Might, the Irresistible, the Supreme: Glory to Allah! (High is He) above the partners they attribute to Him.

- He is Allah, the Creator, the Evolver, the Bestower of Forms (or Colours). To Him belong the Most Beautiful Names: whatever is in the heavens and on earth, doth declare His Praises and Glory: and He is the Exalted in Might, the Wise

Suratul Zalzala; Quran 99v 1-8

بِسْمِ اللَّهِ الرَّحْمَ ن الرَّحِيمِ

إِذَا زُلْزِلَتِ الأَرْضُ زِلْزَالَهَا

وَأَخْرَجَتِ الأَرْضُ أَثْقَالَهَا

وَقَالَ الإِنْسَانُ مَا لَهَا

يَوْمَئِذٍ تُحَدِّثُ أَخْبَارَهَا

بِأَنَّ رَبَّكَ أَوْحَى لَهَا

يَوْمَئِذٍ يَصْدُرُ النَّاسُ أَشْتَاتًا لِيُرَوْا أَعْمَالَهُمْ

فَمَنْ يَعْمَلْ مِثْقَالَ ذَرَّةٍ خَيْرًا يَرَهُ

وَمَنْ يَعْمَلْ مِثْقَالَ ذَرَّةٍ شَرًّا يَرَهُ

Transliteration
- Bismillaahir Rahmaanir Raheem
- Izaa zul zilatil ardu zil zaalaha
- Wa akh rajatil ardu athqaalaha
- Wa qaalal insaanu ma laha
- Yawmaa izin tuhad dithu akhbaaraha
- Bi-anna rabbaka awhaa laha
- Yawma iziny yas durun naasu ash tatal liyuraw a'maalahum
- Famaiy ya'mal mithqala zarratin khai raiy-yarah
- Wa maiy-y'amal mithqala zarratin sharraiy-yarah

Translation
- In the name of Allah, Most Gracious, Most Merciful.
- When the earth is shaken to her (utmost) convulsion,

13

- And the earth throws up her burdens (from within),
- And man cries (distressed): ´What is the matter with her?´-
- On that Day will she declare her tidings:
- For that thy Lord will have given her inspiration.
- On that Day will men proceed in companies sorted out, to be shown the deeds that they (had done).
- Then shall anyone who has done an atom´s weight of good, see it!
- And anyone who has done an atom´s weight of evil, shall see it.

Ibn Abbas reported that the Chapter of the Earthquake (99) equals half of Holy Qur'an (Tirmidhi and Hakim)

Suratul Kafiroon; Quran 109v 1-6

بِسْمِ اللَّهِ الرَّحْمَ نِ الرَّحِيمِ
قُلْ يَا أَيُّهَا الْكَافِرُونَ
لاَ أَعْبُدُ مَا تَعْبُدُونَ
وَلاَ أَنْتُمْ عَابِدُونَ مَا أَعْبُدُ
وَلاَ أَنَا عَابِدٌ مَا عَبَدْتُمْ
وَلاَ أَنْتُمْ عَابِدُونَ مَا أَعْبُدُ
لَكُمْ دِينُكُمْ وَلِيَ دِينِ

Transliteration

- Bismillaahir Rahmaanir Raheem □
- Qul yaaa-ayyuhal kaafiroon
- Laaa a'budu maa t'abudoon
- Wa laaa antum 'aabidoona maaa a'bud
- Wa laaa ana 'abidum maa 'abattum
- Wa laaa antum 'aabidoona maaa a'bud
- Lakum deenukum wa liya deen.

Translation

- In the name of Allah, Most Gracious, Most Merciful.
- Say : O ye that reject Faith!
- I worship not that which ye worship,
- Nor will ye worship that which I worship.

- And I will not worship that which ye have been wont to worship,
- Nor will ye worship that which I worship.
- To you be your Way, and to me mine

Ibn Abbas reported that the Chapter of the Unbeliever equals quarter of the Qur'an

Suratul Nasr; Quran 110v 1-3

بِسْمِ اللّهِ الرَّحْمَ نِ الرَّحِيمِ
إِذَا جَاءَ نَصْرُ اللَّهِ وَالْفَتْحُ
وَرَأَيْتَ النَّاسَ يَدْخُلُونَ فِي دِينِ اللَّهِ أَفْوَاجًا
فَسَبِّحْ بِحَمْدِ رَبِّكَ وَاسْتَغْفِرْهُ إِنَّهُ كَانَ تَوَّابًا

Transliteration
- Bismillaahir Rahmaanir Raheem
- Iza jaaa'a nasrul-laahi walfath
- Wa ra-aitan naasa yadkhuloona fee deenil laahi afwajaa
- Fasabbih bihamdi rabbika wastaghfirh, innahoo kaana tawwaaba

Translation
- In the name of Allah, Most Gracious, Most Merciful.
- When comes the Help of Allah, and Victory,
- And thou dost see the people enter Allah´s Religion in crowds,
- Celebrate the praises of thy Lord, and pray for His Forgiveness: For He is Oft-Returning (in Grace and Mercy).

Anas reported that the messenger of Allah said to a companion of his: "Do you not have the Surah of Victory". The man answered certainly messenger of Allah. The prophet said: It equals quarter of the Qur'an

بِسْمِ اللّهِ الرَّحْمَ نِ الرَّحِيمِ
قُلْ هُوَ اللَّهُ أَحَدٌ
اللَّهُ الصَّمَدُ
لَمْ يَلِدْ وَلَمْ يُولَدْ
وَلَمْ يَكُنْ لَهُ كُفُوًا أَحَدٌ

(ثَلاث)

Transliteration

- Bismillaahir Rahmaanir Raheem
- Qul huwal laahu ahad
- Allah hus-samad
- Lam yalid wa lam yoolad
- Wa lam yakul-lahoo kufuwan ahad

(Three times).

Translation

- In the name of Allah, Most Gracious, Most Merciful.
- Say: He is Allah, the One and Only;
- Allah, the Eternal, Absolute;
- He begetteth not, nor is He begotten;
- And there is none like unto Him

Suratul Falaq Quran 113v 1-5

بِسْمِ اللّهِ الرَّحْمَ نِ الرَّحِيمِ
قُلْ أَعُوذُ بِرَبِّ الْفَلَق
مِنْ شَرِّ مَا خَلَقَ
وَمِنْ شَرِّ غَاسِقٍ إِذَا وَقَبَ
وَمِنْ شَرِّ النَّفَّاثَاتِ فِي الْعُقَدِ
وَمِنْ شَرِّ حَاسِدٍ إِذَا حَسَدَ

(ثَلاث)

Transliteration

- Bismillaahir Rahmaanir Raheem

- Qul a'oozu bi rabbil-falaq
- Min sharri maa khalaq
- Wa min sharri ghaasiqin izaa waqab
- Wa min sharrin-naffaa-saati fil 'uqad
- Wa min sharri haasidin izaa hasad

(Three times)

Translation
- In the name of Allah, Most Gracious, Most Merciful.
- Say: I seek refuge with the Lord of the Dawn
- From the mischief of created things;
- From the mischief of Darkness as it overspreads;
- From the mischief of those who practise secret arts;
- And from the mischief of the envious one as he practices envy.

Suratul Nas Quran 114v 1-5

بِسْمِ اللّهِ الرَّحْمَ نِ الرَّحِيمِ
قُلْ أَعُوذُ بِرَبِّ النَّاس
مَلِكِ النَّاس
إِلَ هِ النَّاس
مِنْ شَرِّ الْوَسْوَاسِ الْخَنَّاس
الَّذِي يُوَسْوِسُ فِي صُدُورِ النَّاس
مِنَ الْجِنَّةِ وَالنَّاس

(ثَلاَث)

Transliteration
- Bismillaahir Rahmaanir Raheem
- Qul a'oozu birabbin naas
- Malikin naas
- Ilaahin naas
- Min sharril waswaasil khannaas
- Allazee yuwaswisu fee sudoorin naas
- Minal jinnati wannaas
- **(Three times)**

Translation

- In the name of Allah, Most Gracious, Most Merciful.
- Say: I seek refuge with the Lord and Cherisher of Mankind,
- The King (or Ruler) of Mankin
- ,The god (or judge) of Mankind,-
- From the mischief of the Whisperer (of Evil), who withdraws (after his whisper)
- (The same) who whispers into the hearts of Mankind,-
- Among Jinns and among men.

Abdullahi ibn Habib narrated: "We went out on a rainy dark night looking for the Prophet to lead us in prayer when we found him. He said 'Say' but I did not say anything, then he said 'Say', but I did not say anything. Then he said 'Say' I said 'O messenger of Allah what should I say? Then he said: say "He is Allah the only one." (Surah 112) and the two surahs of seeking refuge (113 and 114) thrice in the evening and in the morning it would enough for you in everything (Abu Dawod, Tirmidhi)

أَسْبَحْنَا و أَسْبَحَ المُلْكُ لِلّهِ وَ الحَمْدُ لِلّهِ لا شَرِيْكَ لَهُ لا الٰه الا اللّهُ و إِلَيْهِ المَسِيْرُ

(ثَلاثَ)

Asbahna wa asbahal-mulku lilah, walhamdulilah, la sharika lah, la illaaha ila huwa wa ilihi-lmasir. **(Three times).**

"We begin the day and the ultimate dominion belongs to Allah. Praise is due to Allah alone, He has no partner, there is no God but Him, unto whom is the final return".

أَصبَحنَا عَلَي فِطرَةِ الإسلامِ وَ كَلِمَةِ الإِخلاص وَ عَلَي دِينِ نَبِيِّنَا مُحَمّد صَلّي اللّه عَلَيْهِ وَ سَلّمَ وَ عَلَي مِلّةِ أبينا إِبرَهِيمَ حَنِيفًا وَ مَا كَانَ مِنَ المُشرِكِينَ

(ثَلاثَ)

Asbah-naa ‘alaa fitratil-Islaam, wa kalimatil-ikhlaas, wa deni nabiyyina Muhammadin sallalaahu ‘alayhi wa sallam, wa ala millati abeena Ibraaheema haneefan wa maa kaana minal-mushrikeen. "
.**(Three times).**

"We begin the day on the natural way of Islam and on the statement of sincerity, and on the deen (way of life) of our Prophet Muhammad (peace be upon him) and on the deen of our forefather Ibrahim who was a Muslim of true faith and was not an idolater

Abu Huraira reported that Prophet used to say when he wakes up in the morning, Asbah-naa.....' But in the evening he will say " Amsaynaa wa amsahal-mulku lilah, walhamdulilah, la sharika lah, la illaaha ila huwa wa ilihi-lmasir

اللّهمّ إنّي أصبَحتُ مِنْكَ فِي نِعمَةٍ وَ عَافِيَةٍ وَ سِترٍ فَأَتِمّ عَلَيّ نِعمَتَكَ وَ سِترَكَ فِي الدُّنيَا وَ الأخِرَةِ

(ثَلاثَ)

Allaahuma ini asbahtu minka fi ni'matin wa 'afiatin wa sitr, fa atima ni'mataka 'alaya wa 'afiatak wa sitraka fi-dunya wal-akhira.
(Three times).

"O Allah! I am here this morning with the blessing, strength, and protection, all of which you have bestowed upon me. Complete your blessing, the strength (you bestowed upon me) and your protection, in this life and the hereafter".

اللَّهُمَّ مَا أَصْبَحَ بِهِ مِنْ نِعْمَةٍ أَوْ بِأَحَدٍ مِنْ خَلْقِكَ فَمِنْكَ وَحْدَكَ لَا شَرِيْكَ لَكَ فَلَكَ الحَمْدُ وَ لَكَ الشُّكْرُ

(ثَلَاث)

Allaahumma maa asbaha bee min ni'mahtin, aw bi ahadin min khalqika fa minka wahdaka la shareeka lak falakalhamdu wa laka-sukur
(Three times).

Oh Allah, whatever grace has been my share this morning or the share of any of Your creation is from You alone, without partner, so for You is all praise and unto You all thanks.

Note: In the evening for the first three prayers replace "asbahna" with "amsahana" and "asbaha" with "amsaha"

Ubay bin Ka'b reported that the prophet used to teach us. Asbahnaa 'alaa fitratil Islaam in the morning and in the evening (Abdullah ibn Ahmad bin Hambal in Zawaaid, Sahih Jaami)

Ibn Abbas reported that the prophet said: " Whoever says " Allahumo inni asbah..." Thrice in the morning and evening It is duty bound on Allah to perfect his favor upon im" (Ibn Sanni)

Ya rabbi laka-alhamdul kama yanbaghi lijalali wajhika wa 'athimi sultanik. ".**(Three times).**

"O my Lord! All praise is due to you as is befitting to your glorious presence and your great sovereignty"

رَضِيْطُ بِاللّهِ رَبّا وَ بِالإسْلاَمِ دِيْنًا وَ بِمُحَمّدٍ نَبِيًا وَ رَسُولاً

(ثَلاث)

Raditu billahi raba, wa bilislaami dina, wa bi Muhammadin sallalaahu ‘alayhi wa sallam nabian wa rasulla. ".**(Three times).**

"I am pleased with Allah as Lord, Islam as a Religion, and Muhammad (peace be upon him) as a prophet of Allah"

- *Abdullah bin Umar rported that the prophet told them that a servant of Allah said: "Ya Rabbi...." 'And the two angels became confused concerning how to record it and they ascend to heaven. They said, ' Our Lord, a servant of yours has said something which we do not know how to record. Allah the most High who knows better said: 'What has my servant said?' Write it the way he said it till he will meet me and I will reward him for it (Ahmad and Ibn Majah)*
- *Abu Salaam, the attendant of the Prophet narrated: ' I heard the messenger of Allah saying," Whoever say Raditu villahi... In the morning ad evening, it is duty bound on Allah to make him satisfactory" (Abu Dawud, Tirmidhi and Haakim)*

سُبْحَانَ اللّهِ وَ بِحَمْدِهِ عَدَدَ خَلْقِهِ وَ رِضَا نَفْسِهِ وَ زِنَةَ عَرْشِهِ وَ مِدَادَ كَلِمَاتِهِ

(ثَلاث)

Subhana-allahi wa bihamdih, ‘adada khalqih, wa rida nafsih, wa zinata ‘arshih, wa midada kalimatih ".**(Three times)**..

"How Perfect and Exalted Allah is and I praise Him by the number of His creation, and the pleasure of His Self, and by the weight of His Throne, and the ink to record His words and signs".

بِسْمِ اللَّهِ الَّذِي لاَ يَضُرُّ مَعَ اِسْمِهِ شَيْءٌ فِي الأَرْضِ وَ لاَ فِي السَّمَاءِ وَ هُوَ السَّمِيعُ العَلِيْمُ

(ثَلاثَ)

Bismiillaahi alathi la yaduru ma'ismihi shai'un fi-ilardi wala fi-isamai'wa huwa-sami'u alalim. ".**(Three times).**

"In the name of Allah, with whose name nothing on earth nor in the heavens harms, and He is All-Hearing, All-Knowing".

Uthman narrated that the Prophet assaying " Any of the servants who says in the wake of the morning and evening "Bismillahi ladhi..... Thrice, nothing will harm him

اللَّهُمَ إِنَّا نَعُوذُبِكَ مِنْ اَنْ نُشْرِكَ بِكَ شَيْءً نَعْلَمَهُ وَ نَسْتَغْفِرُكَ لِمَا لاَ نَعْلَمَهُ

(ثَلاثَ)

Allahuma ina 'authu bika min an nshrika bika shai'an na'lamuh, wa-nastaghfiruka lima la na'lamuh. ".**(Three times).**

"O Allah! We seek refuge in You from associating anything else with you while we know it, and we seek repentance for associating something else with you while we don't know it".

اَعُوذُ بِكَلِمَاتِ اللّه التَّامَاتِ مِنْ شَرِّ مَا خَلَقَ

(ثَلاثَ)

A'uthu bi-kalimati illaahi-itamati min shari ma khalaq. "
.**(Three times).**

"I seek refuge in Allah's perfect words from the evil of His creation".

Abu Huraira narrated that the Prophet said: "Whoever recites"Authubikalimatil...." thrice in the evening will suffer no sting

اللّهُمّ اِنّي اَعُوذُبكَ مِنَ الهَمِ وَ الحُزْنِ و اَعُوذُبكَ مِنَ العَجزِ وَ الكَسَلِ و اَعُوذُبكَ مِنَ الجُبنِ و البُخلِ و اَعُوذُبكَ مِنْ غَلَبَةِ الدّينِ و قَهْرِ الرّجَالِ

(ثَلاثَ)

Allaahuma ini a'uthu bika min al-hami wal-hazan, wa a'uthu bika min al-'ajz wal kasal, wa a'".**(Three times).**
uthu bika min al-jubni wal-bukhl, wa a'uthu bika min ghalabati-ddayni wa qahri-rrijal. ".**(Three times).**

"O Allah! I seek refuge in You from sorrow and sadness, and I seek refuge in You from disability and laziness, and I seek refuge in You from cowardliness and miserliness, and I seek refuge in You from the harshness of debt and the overpowering by men".

اَللّهُمَ ع فِني فِي بَدَنِي الأهُمَ ع فِني فِي سَمْعِي اَللّهُمَ ع فِني فِي بَصَرِي، لآ اِلَ هَ الا اَنْتْ

(ثَلاثَ)

Allaahuma 'afini fi badani, allaahuma 'afini fi sam'i, allaahuma 'afini fi basari, la ilaha ila ant. ".**(Three times).**

"O Allah, grant me safety and health in my body. O Allah, grant me safety and health in my hearing. O Allah, grant me safety and health in my sight, there is no God besides You"

اَللَّهُمَ اِنِّي اَعُوْذُبِكَ مِنَ الكُفْرِ وَ الفَقْرِ، وَ اَعُذُبِكَ مِنَ عَذَابِ القَبْرِ، لآ ال ه الآّ اَنت

(ثَلاَثَ)

Allaahuma ini a'uthu bika min-alkufri walfaqr, wa a'uthu bika min 'athabi-lqabr, la ilaaha ila ant. ".**(Three times).**

"O Allah! I seek refuge with You from disbelieve and poverty. O Allah! I seek protection from the torment of the grave; there is no god but you".

اَللّهُمّ اَنتَ رَبي لاَ اِلَهَ اِلاّ اَنتَ خَلَقتَنِي و اَنَا عَبْدُكَ و اَنَا عَلَي عَهُدِكَ وَ وَعْدِكَ مَاستَطَعْتُ اَعُوْذُبِكَ مِنْ شَرّ مَا صَنَعْتُ اَبُؤُلَكَ بِنِعْمَاتِكَ عَلَي وَ اَبُوءُ بِذَنْبِي فَاغْفِرْلِي فَإِنّهُ لاَ يَغْفِرُ الذّنُوبَ اِلاّ اَنْتَ

(ثَلاَثَ)

Allahuma anta rabi, la ilaaha ila ant, khalaqtani wa ana 'abduk, wa ana 'ala 'ahdika wa wa'dika ma-stata't, a'uthu bika min shari ma sara't, abu'u laka bin'matika 'alaya wa abu'u bi-thambi faighfirli fa-inahu la yaghfiru-thunuba ila ant ".**(Three times).**

"O Allah! You are my Lord, there is none worthy of worship but You. You created me and I am your slave, I keep Your covenant and my pledge to You as far as I am able. I seek refuge in you from the evil of what I have done. I acknowledge your blessing upon me and I acknowledge my misdeeds. Forgive me, for none can forgive sins except you".

Shaddad bin Aus narrated that the prophet said: " Whoever says 'Allahumo anta Robbi.....' with certainty in the evening and dies that night will surely enter paradise and whoever says it with certainty in the morning and dies that day will surely enter paradise. (Bukhari)

أَسْتَغْفِرُ اللّٰهِ اَلّذِي لا اله الا هُو اَلحَيُّ اَلقَيُّوْمُ وَ اَتُوْبُ اِلَيهِ

(ثَلاث)

Astaghfiru-llaha alladhi la ilaha illa huwa al-hayyu l-qayumu wa atoubu ilayhi. **(Three times).**

"I seek forgiveness from Allah, none has the right to be worshipped except Him, the Living, the Eternal, and I repent to Him".

اللّهُمّ صَلّ عَلَى مُحَمّدٍ وَعَلَى آلِ مُحَمّدٍ كَمَا صَلّيْتَ عَلَى اِبْرَاهِيْمَ وَعَلَى آلِ اِبْرَاهِيْمَ إنّكَ حَمِيْدٌ مَجِيْدٌ اللّهُمّ بَارِكْ عَلَى مُحَمّدٍ وَعَلَى آلِ مُحَمّدٍ كَمَا بَارَكْتَ عَلَى اِبْرَاهِيْمَ وَعَلَى آلِ اِبْرَاهِيْمَ إنّكَ حَمِيْدٌ مَجِيْد

(عشرا)

Allāhumma Salli ‘alā muHammadin wa ‘alā āli muHammad kamā Sallayta ‘alā ibrāhīma wa ‘alā āli ibrāhīma innaka Hamīdun majīd; allāhumma bārik ‘alā muHammadin wa ‘alā āli muHammad kamā bārakta ‘alā ibrāhīma wa ‘alā āli ibrāhīma innaka Hamīdun majīd. **(Ten times)**

"O Allah! Send blessings upon Muhammad and upon the House of Muhammad as You sent blessings upon Abraham and upon the House of Abraham; indeed, You are praiseworthy and glorious. O Allah! Bless Muhammad and the House of Muhammad as You blessed Abraham and the House of Abraham; indeed, You are praiseworthy and glorious".

Abu Dardaa narrated that the prophet said; "Whoever seeks blessings for me ten times in the morning and in the evening will enjoy my intercession on the day of judgement. (Tabarani)

سُبحَانَ اللّهِ وَ الحَمدُ لِلّهِ وَ لاَ إلَهَ إلاّ اللّهُ وَ اللّهُ أكْبَرُ

(مأةً)

Subhana llahi wal hamduli llahi, wa laa ilaaha illa llahu, wallahu akbar **(100 times)**

Glory be to Allah, Praise be to Allah,There is no god but Allah, Allah is the greatest.

لاَ إلَهَ إلاّ اللّهُ وَحدَهُ لاَ شَرِيكَ لَهُ لَهُ المُلكُ وَ لَهُ الحَمدُ وَ هُوَ عَلَي كُلّ شَيءٍ قَدِيرُ

(عشرا)

Laa illaha illal-laah wahdahu laa shareeka lahu lahil-mulku walahul-hamdu, wahuwa a'la kulli shayin qadir **(10 times)**

There is no god but Allah, He is alone with no partner. He has the ultimate dominion and praise and he has power over all things

سُبْحَانَكَ اللّهُمّ وَ بحَمدِكَ اَشْهَدُ اَنْ لاَ الـهَ الا اللّهُ ،اَستَغْفِرُكَ وَ اَتُوْبُ اِلَيْكَ

(ثَلاث)

Subhanaka allahuma wa be-hamdika, ash-hadu ana la ilaha ila ant, astaghfiruka wa atoubu ilayk. **(Three times).**

"O Allah, You are free from every imperfection; praise be to You. I testify that there is no true god except You; I ask Your Pardon and turn to You in repentance"

اَللّهـمَ صَلِّي عَلَي مُحمّد عَبْدِكَ وَ نَبيِّكَ وَ رَسُولِكَ النّبيُّ الاءُمِيّ وَ عَلَي آلِهِ وَ صَحبهِ و سَلّمْ تَسْلِيمًا عَدَدَ مَا اَحَاط بهِ عِلمُكَ وَ خَطّ بهِ قلمُكَ وَ اَحصَاهُ كِتَابُكَ وَارْضَ اللّهُمّ عَن سَادَاتِنَا أبي بَكرِ وَ عُمَرَ وَ عُثمَان وَ عَلِيّ وَ عَنِ الصّحَابَةِ اَجمَعِينَ وَ عَنِ التّابعِينَ وَ تَابعِيهم بإحسَانِ اِلَي يَومِ الدِين

Allahumma salli ‘ala Muhammad, ‘abdika wa rasulika-nnabiyyil-ummi, w a ‘ala alihi wasahbihi wa sallim taslima, ‘addada ma ahatu bihi ‘ilmuk, wa khatta bihi qalamuk, wa ahsahu kitabuk, ward-Allahumma ‘an saadaatina abi bakren wa umara wa Othmana wa ‘Ali,wa ‘ani-ssahabati ajmaeen, wa ‘ anit-tabi eena wa tabe’ eihim Bi-Ihsanen ila yaw ’meddeen .

"Oh Allah! Bestow your prayer upon our leader Muhammad, Your slave, Your prophet and Your messenger – the illiterate prophet. And bestow Your prayer and peace to his family and his companions, as much as what is encompassed by Your knowledge, written by Your pen and recorded in Your book. Magnify Your favor upon the rightly guided caliphs : Abu Bakr and Umar and Uthman and Ali, the prophet’s companions, their followers and their follower’s followers, and so on and so forth until the day of judgment".

سُبْحَانَ رَبّكَ رَبّ الْعِزّةِ عَمّا يَصِفُونَ

Subhana rabbika rabbi al‘izzati‘amma yasifoon

"Exalted is your Lord, the Lord of might, above what they describe".

وَسَلَامٌ عَلَى الْمُرْسَلِينَ وَالْحَمْدُ لِلّهِ رَبّ الْعَالَمِينَ

Wasalamun ‘ala almursaleen Walhamdu lillahirabbi al‘alameen

"And peace upon the messenger and praise to Allah , Lord of the worlds".

Supplications from the Quran (Rabbanas)

1 **Al-Baqarah 2:127**

رَبَّنَا تَقَبَّلْ مِنَّا إِنَّكَ
أَنتَ السَّمِيعُ الْعَلِيمُ-

Rabbana taqabbal minna innaka anta sami'un a'leem
Meaning: "Our Lord, accept [this] from us. Indeed You are the Hearing, the Knowing.

2 **Al-Baqarah 2:201**

" رَبَّنَا ءَاتِنَا فِى ٱلدُّنْيَا حَسَنَةً وَفِى ٱلْءَاخِرَةِ حَسَنَةً وَقِنَا
عَذَابَ ٱلنَّارِ "

Rabbana aatina fi dunya hasanatan wa fil-akhirati hasanatan wa qina a'dhaaban-naar
Meaning: Our Lord, give us in this world [that which is] good and in the Hereafter [that which is] good and protect us from the punishment of the Fire."

3 **Al-Baqarah 2:286**

رَبَّنَا لَا تُؤَاخِذْنَا إِن نَّسِينَا أَوْ أَخْطَأْنَا رَبَّنَا وَلَا تَحْمِلْ عَلَيْنَا
إِصْرًا كَمَا حَمَلْتَهُۥ عَلَى ٱلَّذِينَ مِن قَبْلِنَا رَبَّنَا وَلَا تُحَمِّلْنَا مَا
لَا طَاقَةَ لَنَا بِهِۦ وَٱعْفُ عَنَّا وَٱغْفِرْ لَنَا وَٱرْحَمْنَا أَنتَ مَوْلَى
نَا فَٱنصُرْنَا عَلَى ٱلْقَوْمِ ٱلْكَ فِرِينَ

Rabbana laa tu akhidhna inna siina aw akhtona, Rabbana wa la tuhammil a'layna isran kama hamaltahu a'la ladhina min qablina, Rabbana wa la tuhammil maalaa tooqota lana bihi wa 'afuanna waghfirlana warhamna anta mawlaana fansurna a'la-l- qawmi-l-kaafireen
Meaning: "Our Lord, do not impose blame upon us if we have forgotten or erred. Our Lord, and lay not upon us a burden like that which You laid upon those before us. Our Lord, and burden us not with that which we have no ability to bear. And pardon us; and forgive us; and have mercy upon us. You are our protector, so give us victory over the disbelieving people."

4   Aal-e-Imran 3:8

رَبَّنَا لاَ تُزِغْ قُلُوبَنَا بَعْدَ إِذْ هَدَيْتَنَا وَهَبْ لَنَا مِن لَّدُنكَ رَحْمَةً إِنَّكَ أَنتَ الْوَهَّابُ

Rabbana la tudhi qulubana b'ada idh hadaytana wa hablana min ladun karahmatan innaka anta-l- wahab

Meaning: "Our Lord, let not our hearts deviate after You have guided us and grant us from Yourself mercy. Indeed, You are the Bestower".

5   Aal-e-Imran 3:9

رَبَّنَا إِنَّكَ جَامِعُ النَّاسِ لِيَوْمٍ لاَّ رَيْبَ فِيهِ   إِنَّ اللَّهَ لاَ يُخْلِفُ الْمِيعَادَ

Rabbana innak jaamiun lin-nasi laa rayba fihi innallaha laa yukhlifu-l-mi'aad

Meaning: Our Lord, surely You will gather the people for a Day about which there is no doubt. Indeed, Allah does not fail in His promise."

6   Aal-e-Imran 3:16

رَبَّنَا إِنَّنَا آمَنَّا فَاغْفِرْ لَنَا ذُنُوبَنَا وَقِنَا عَذَابَ النَّارِ

Rabbana innana aamanna faghfirlana dhunubana waqina a'dhaaban-naar

Meaning: "Our Lord, indeed we have believed, so forgive us our sins and protect us from the punishment of the Fire,"

7   Aal-e-Imran 3:53

رَبَّنَا آمَنَّا بِمَا أَنزَلْتَ وَاتَّبَعْنَا الرَّسُولَ فَاكْتُبْنَا مَعَ الشَّاهِدِينَ

Rabbana aamana bima anzalta wataba'ar- rasul faktubna ma'ashaahideen

Meaning: "Our Lord, we have believed in what You revealed and have followed the messenger Jesus, so register us among the witnesses [to truth]."

8   Aal-e-Imran 3:147

رَبَّنَا اغْفِرْ لَنَا ذُنُوبَنَا وَإِسْرَافَنَا فِي أَمْرِنَا وَثَبِّتْ أَقْدَامَنَا
وَانْصُرْنَا عَلَى الْقَوْمِ الْكَافِرِينَ

Rabbana ighfirlana dhunubana wa israafana fi amrina wa thabbit aqdaamana fansurna a'la-l- qawmil-kaafireen

Meaning: "Our Lord, forgive us our sins and the excess [committed] in our affairs and plant firmly our feet and give us victory over the disbelieving people."

9   Aal-e-Imran 3:191

رَبَّنَا مَا خَلَقْتَ هَ ذَا بَاطِلاً سُبْحَانَكَ فَقِنَا عَذَابَ النَّارِ ـ

Rabanna maa khalaqta hadha baatilan subhanaka faqinna a'dhaban naar

Meaning: "Our Lord, You did not create this aimlessly; exalted are You [above such a thing]; then protect us from the punishment of the Fire".

10   Aal-e-Imran 3:192

رَبَّنَا إِنَّكَ مَن تُدْخِلِ النَّارَ فَقَدْ أَخْزَيْتَهُ وَمَا لِلظَّالِمِينَ مِنْ
أَنْصَارٍ

Rabanna innaka man tudkhilin-naara faqad akhdhayta, wa maa lidhaalimeena min ansaar

Meaning: "Our Lord, indeed whoever You admit to the Fire - You have disgraced him, and for the wrongdoers there are no helpers".

12   Aal-e-Imran 3:193

رَبَّنَا إِنَّنَا سَمِعْنَا مُنَادِيًا يُنَادِي لِلإِيمَانِ أَنْ آمِنُوا بِرَبِّكُمْ فَآمَنَّا
رَبَّنَا فَاغْفِرْ لَنَا ذُنُوبَنَا وَكَفِّرْ عَنَّا سَيِّئَاتِنَا وَتَوَفَّنَا مَعَ الأَبْرَارِ

Rabanna innana sam'ina munadiyyan- yunadii lil-eeman an aaminu birabikum fa aamanna. Rabanna faghfirlan dhunubana wa kaffir'anna sayyiaatina wa tawwafanna ma'l-abrar

Meaning: "Our Lord, indeed we have heard a caller calling to faith, [saying], 'Believe in your Lord,' and we have believed. Our Lord, so forgive us our sins and remove from us our misdeeds and cause us to die with the righteous".

13   Aal-e-Imran 3:194

رَبَّنَا وَآتِنَا مَا وَعَدتَّنَا عَلَى رُسُلِكَ وَلاَ تُخْزِنَا يَوْمَ الْقِيَامَةِ
إِنَّكَ لاَ تُخْلِفُ الْمِيعَادَ

31

Rabanna aatina maa wa'adt-tana a'la rusulika wa la tukhdhina yawma-l-qiyamat innaka la tukhlifu-l- mi'aad
Meaning: "Our Lord, and grant us what You promised us through Your messengers and do not disgrace us on the Day of Resurrection. Indeed, You do not fail in [Your] promise."

14 Al-Ma'idah 5:83

رَبَّنَا آمَنَّا فَاكْتُبْنَا مَعَ الشَّاهِدِينَ

Rabanna aamanna faktubna ma'ashahideen
Meaning: "Our Lord, we have believed, so register us among the witnesses".

15 Al-Ma'idah 5:114

رَبَّنَا أنزِلْ عَلَيْنَا مَائِدَةً مِّنَ السَّمَاءِ تَكُونُ لَنَا عِيدًا لِأَوَّلِنَا وَآخِرِنَا وَآيَةً مِّنكَ وَارْزُقْنَا وَأَنتَ خَيْرُ الرَّازِقِينَ

Rabanna anzil a'layna maaidatan minnas- samai takuunu lana i'dan li awwalina wa akhirna wa aayatan minka warzukna wa anta khayrur-raziqeen
Meaning: "O Allah, our Lord, send down to us a table [spread with food] from the heaven to be for us a festival for the first of us and the last of us and a sign from You. And provide for us, and You are the best of providers."

16 Al-A'raf 7:23

رَبَّنَا ظَلَمْنَا أنفُسَنَا وَإِن لَّمْ تَغْفِرْ لَنَا وَتَرْحَمْنَا لَنَكُونَنَّ مِنَ الْخَاسِرِينَ

Rabanna thallamna anfusana wa inl-lam taghfirlana wa tarhamna lanakunanna minna-l- khasireen

Meaning: "Our Lord, we have wronged ourselves, and if You do not forgive us and have mercy upon us, we will surely be among the losers."

17 Al-A'raf 7:47

رَبَّنَا لاَ تَجْعَلْنَا مَعَ الْقَوْمِ الظَّالِمِينَ

Rabanna la taja'lna ma'al qawmi dhalimeen
Meaning: "Our Lord, do not place us with the wrongdoing people."

18 Al-A'raf 7:89

رَبَّنَا افْتَحْ بَيْنَنَا وَبَيْنَ قَوْمِنَا بِالْحَقِّ وَأَنتَ خَيْرُ الْفَاتِحِينَ

Rabanna iftah baynana wa bayna qawmina bil-haqi wa anta khayrul-fatiheen

Meaning: "Our Lord, decide between us and our people in truth, and You are the best of those who give decision."

19 Al-A'raf 7:126

رَبَّنَا أَفْرِغْ عَلَيْنَا صَبْرًا وَتَوَفَّنَا مُسْلِمِينَ

Rabanna afrig a'layna sobran wa tawafanna muslimeen

Meaning: "Our Lord, pour upon us patience and let us die as Muslims [in submission to You]."

20 Yunus 10:85-86

رَبَّنَا لاَ تَجْعَلْنَا فِتْنَةً لِّلْقَوْمِ الظَّالِمِينَ و وَنَجِّنَا بِرَحْمَتِكَ مِنَ الْقَوْمِ الْكَافِرِينَ

Rabanna la taja'lna fitnatan li qawmit- tholimeen wa najjina bi rahmatika minal qawmil- kaafireen

Meaning: "Our Lord, make us not [objects of] trial for the wrongdoing people And save us by Your mercy from the disbelieving people."

21 Ibrahim 14:38

رَبَّنَا إِنَّكَ تَعْلَمُ مَا نُخْفِي وَمَا نُعْلِنُ وَمَا يَخْفَى عَلَى اللَّهِ مِن شَيْءٍ فِي الأَرْضِ وَلاَ فِي السَّمَاءِ

Rabanna innaka ta'lam ma nokhfi wa ma nu'lin wa ma yakhfa a'lallahi shayan fil-ardi wala fi samai

Meaning: "Our Lord, indeed You know what we conceal and what we declare, and nothing is hidden from Allah on the earth or in the heaven."

22 Ibrahim 14:40

رَبِّ اجْعَلْنِي مُقِيمَ الصَّلاَةِ وَمِن ذُرِّيَّتِي رَبَّنَا وَتَقَبَّلْ دُعَاءِ

Rabanna ija'lni muqeema solaati wa min dhuriyyati rabanna taqabbal
dua'
Meaning: "My Lord, make me an establisher of prayer, and [many]
from my descendants. Our Lord, and accept my supplication".

23   Ibrahim 14:41

رَبَّنَا اغْفِرْ لِي وَلِوَالِدَيَّ وَلِلْمُؤْمِنِينَ يَوْمَ يَقُومُ الْحِسَابُ

Rabanna ighfirly wali waalidayya walili mumineena yawma yaqumul-
hisaab
Meaning: "Our Lord, forgive me and my parents and the believers the
Day the account is established."

24   Al-Kahf 18:10

رَبَّنَا آتِنَا مِن لَّدُنكَ رَحْمَةً وَهَيِّئْ لَنَا مِنْ أَمْرِنَا رَشَدًا

Rabanna aatina min ladunka rahmatan wa hayyilana min amrina
rashadan
Meaning: "Our Lord, grant us from Yourself mercy and prepare for us
from our affair right guidance."

25   Ta-Ha 20:45

رَبَّنَا إِنَّنَا نَخَافُ أَن يَفْرُطَ عَلَيْنَا أَوْ أَن يَطْغَى

Rabanna innakna nakhaafu an-yafrutu a'laynaa aw an yatga
Meaning:, "Our Lord, indeed we are afraid that he will hasten
[punishment] against us or that he will transgress."

26   Al-Mu'minun 23:109

رَبَّنَا آمَنَّا فَاغْفِرْ لَنَا وَارْحَمْنَا وَأَنتَ خَيْرُ الرَّاحِمِينَ

Rabanna aamanna faghfirlana war-hamna wa anta khayru raahimeen
Meaning: "Indeed, there was a party of My servants who said, 'Our
Lord, we have believed, so forgive us and have mercy upon us, and
You are the best of the merciful."

27   Al-Furqan 25:65-66

رَبَّنَا اصْرِفْ عَنَّا عَذَابَ جَهَنَّمَ إِنَّ عَذَابَهَا كَانَ غَرَامًا إِنَّهَا
سَاءَتْ مُسْتَقَرًّا وَمُقَامًا

Rabanna isrifanna a'dhaba jahannam inna a'dhaabaha kaana goraama, innaha saa at mustaqarran wa muqaama

Meaning: "Our Lord, avert from us the punishment of Hell. Indeed, its punishment is ever adhering   Indeed, it is evil as a settlement and residence."

28   Al-Furqan 25:74

رَبَّنَا هَبْ لَنَا مِنْ أَزْوَاجِنَا وَذُرِّيَّاتِنَا قُرَّةَ أَعْيُنٍ وَاجْعَلْنَا
لِلْمُتَّقِينَ إِمَامًا

Rabanna hablana min azwaajina wa dhurriyyatina qurrata a'yunin waja'lna lilmutaqeena imaama

Meaning: "Our Lord, grant us from among our wives and offspring comfort to our eyes and make us an example for the righteous."

29   Ghafir 40:7

رَبَّنَا وَسِعْتَ كُلَّ شَيْءٍ رَحْمَةً وَعِلْمًا فَاغْفِرْ لِلَّذِينَ تَابُوا
وَاتَّبَعُوا سَبِيلَكَ وَقِهِمْ عَذَابَ الْجَحِيمِ

Rabbana wasi'at kulla shayin rahmatan wa i'lman faghfir lilladhina taabu wat-taba'u sabiilika waqihim a'dhaba-l- jaheem

Meaning: "Our Lord, You have encompassed all things in mercy and knowledge, so forgive those who have repented and followed Your way and protect them from the punishment of Hellfire.

30   Ghafir 40:8-9

رَبَّنَا وَأَدْخِلْهُمْ جَنَّاتِ عَدْنٍ الَّتِي وَعَدتَّهُمْ وَمَن صَلَحَ مِنْ
آبَائِهِمْ وَأَزْوَاجِهِمْ وَذُرِّيَّاتِهِمْ   إِنَّكَ أَنتَ الْعَزِيزُ الْحَكِيمُ وَقِهِمُ
السَّيِّئَاتِ   وَمَن تَقِ السَّيِّئَاتِ يَوْمَئِذٍ فَقَدْ رَحِمْتَهُ   وَذَ لِكَ
هُوَ الْفَوْزُ الْعَظِيمُ

Rabbana wa adkhilihim jannaati a'dnin- llati wa'ad tahum wa man solaha wa min aaba ihim wa azwaajihim wa dhurriyatihim innaka antal- azeezu-l-hakeem wa qihim sayyiat wa man taqi sayyiat yawma idhinfaqad rahimtah wa zaalika huwal- fawzu-l- azeem

Meaning: "Our Lord, and admit them to gardens of perpetual residence which You have promised them and whoever was righteous among their fathers, their spouses and their offspring. Indeed, it is You who is the Exalted in Might, the Wise. And protect them from the evil

consequences [of their deeds]. And he whom You protect from evil
consequences that Day - You will have given him mercy. And that is
the great attainment."

31   Al-Hashr 59:10

رَبَّنَا اغْفِرْ لَنَا وَلإِخْوَانِنَا الَّذِينَ سَبَقُونَا بِالأِيمَانِ وَلاَ تَجْعَلْ
فِي قُلُوبِنَا غِلاً لِلَّذِينَ آمَنُوا رَبَّنَا إِنَّكَ رَءُوفٌ رَّحِيمٌ

Rabbana ighfirlana wali ikwaanina sabakuuna bili eeman wala taja'l fi
quluubina gillan lilladhina aamanu, robbana innak raufur- raheem
Meaning: "Our Lord, forgive us and our brothers who preceded us in
faith and put not in our hearts [any] resentment toward those who have
believed. Our Lord, indeed You are Kind and Merciful."

32   Al-Mumtahanah 60:4

رَبَّنَا عَلَيْكَ تَوَكَّلْنَا وَإِلَيْكَ أَنَبْنَا وَإِلَيْكَ الْمَصِيرُ.

Rabbana a'layka tawakkalina wa ilayka anabna wa ilaykal- maseer
Meaning: "Our Lord, upon You we have relied, and to You we have
returned, and to You is the destination."

33   Al-Mumtahanah 60:5

رَبَّنَا لاَ تَجْعَلْنَا فِتْنَةً لِلَّذِينَ كَفَرُوا وَاغْفِرْ لَنَا رَبَّنَا إِنَّكَ أَنتَ
الْعَزِيزُ الْحَكِيمُ

Rabanna la taj'alna fitnatan lilladhina kafaru waghfirlana rabbana
innaka anta-l- a'zeezu-l- hakeem
Meaning: "Our Lord, make us not [objects of] torment for the
disbelievers and forgive us, our Lord. Indeed, it is You who is the
Exalted in Might, the Wise."

34   At-Tahrim 66:8

رَبَّنَا أَتْمِمْ لَنَا نُورَنَا وَاغْفِرْ لَنَا إِنَّكَ عَلَى كُلِّ شَيْءٍ قَدِيرٌ

Rabbana at mimlana nuurana waghfirlana innaka a'la kulli shayin
qadeer
Meaning: "Our Lord, perfect for us our light and forgive us. Indeed,
You are over all things competent."

SOURCES

- Quran - Sahih International Trandlation English
- Sahih Bukhari by Imam Bukhari
- Sahih Muslim by Muslim bin Hajjaj
- Sunan Al Sughra by Al-Nasai
- Sunan Abu Dawood by Abu Dawood
- Jami-l- Tirmidhi by Al- Tirmidhi

Made in United States
Troutdale, OR
12/29/2024

27374183R00024